PUBLICIDADE
a criatividade na teoria e na prática
Laboratório

SERVIÇO À PASTORAL DA COMUNICAÇÃO

COLEÇÃO PASTORAL DA COMUNICAÇÃO: TEORIA E PRÁTICA

A. *Série Manuais* (aplica, na prática, os conteúdos laboratoriais realizados no SEPAC)

1. Rádio: a arte de falar e ouvir (Laboratório)
2. Jornal impresso: da forma ao discurso (Laboratório)
3. Publicidade: a criatividade na teoria e na prática (Laboratório)
4. Teatro em comunidade (Laboratório)
5. Internet: a porta de entrada para a comunidade do conhecimento (Laboratório)
6. Oratória: técnicas para falar em público (Laboratório)
7. Espiritualidade: consciência do corpo na comunicação (Laboratório)
8. Vídeo: da emoção à razão (Laboratório)
9. Mídias digitais: produção de conteúdo para a web

B. *Série Dinamizando a comunicação* (reaviva, sobretudo nas paróquias, a Pastoral da Comunicação para formar agentes comunicadores)

1. Dia Mundial das Comunicações Sociais – Maria Alba Vega
2. Comunicação e liturgia na comunidade e na mídia – Helena Corazza
3. Comunicação e família – Ivonete Kurten
4. Pastoral da Comunicação: diálogo entre fé e cultura – Joana T. Puntel e Helena Corazza
5. Homilia: a comunicação da Palavra – Enio José Rigo
6. Geração NET: relacionamento, espiritualidade, vida profissional – Gildásio Mendes dos Santos

C. *Série Comunicação e cultura* (oferece suporte cultural para o aprofundamento de temas comunicacionais)

1. Cultura midiática e Igreja: uma nova ambiência – Joana T. Puntel
2. Comunicação eclesial: utopia e realidade – José Marques de Melo
3. INFOtenimento: informação + entretenimento no jornalismo – Fábia Angélica Dejavite
4. Recepção mediática e espaço público: novos olhares – Mauro Wilton de Sousa (org.)
5. Manipulação da linguagem e linguagem da manipulação: estudando o tema a partir do filme *A fuga das galinhas* – Claudinei Jair Lopes
6. Cibercultura: sob o olhar dos Estudos Culturais – Rovilson Robbi Britto
7. Fé e cultura: desafios de um diálogo em comunicação – Celito Moro
8. Jovens na cena metropolitana: percepções, narrativas e modos de comunicação – Silvia H. S. Borelli, Rose de Melo Rocha, Rita de Cássia Alves de Oliveira (orgs.)
9. Comunicação: diálogo dos saberes na cultura midiática – Joana T. Puntel
10. Geração NET: relacionamentos, espiritualidade, vida profissional – Gildásio Mendes dos Santos

SEPAC – Serviço à Pastoral da Comunicação

PUBLICIDADE
a criatividade na teoria e na prática
Laboratório

Dados Internacionais de Catalogação na Publicação (CIP)
(Câmara Brasileira do Livro, SP, Brasil)

Publicidade : a criatividade na teoria e na prática : laboratório / SEPAC – Serviço à Pastoral da Comunicação. — 2. ed. — São Paulo : Paulinas, 2008. — (Coleção pastoral da comunicação : teoria e prática. Série manuais)

ISBN 978-85-356-1148-9

1. Comunicação 2. Criatividade 3. Propaganda 4. Publicidade 5. Publicidade como profissão I. SEPAC – Serviço à Pastoral da Comunicação. II. Série.

08-09910   CDD-659.1

Índice para catálogo sistemático: 1. Publicidade 659.1

2ª edição – 2008
1ª reimpressão – 2014
Revisado conforme a nova ortografia

Organização: *Equipe do SEPAC*

Elaboração do texto: *prof. Ademir dos Santos Galvão*

Direção-geral: *Flávia Reginatto*

Editora responsável: *Noemi Dariva*

Copidesque: *Mônica Elaine G. S. da Costa*

Coordenação de revisão: *Andréia Schweitzer*

Direção de arte: *Irma Cipriani*

Gerente de produção: *Felício Calegaro Neto*

Projeto gráfico e produção de arte: *Cristina Nogueira da Silva*

Nenhuma parte desta obra poderá ser reproduzida ou transmitida por qualquer forma e/ou quaisquer meios (eletrônico ou mecânico, incluindo fotocópia e gravação) ou arquivada em qualquer sistema ou banco de dados sem permissão escrita da Editora. Direitos reservados.

Paulinas
Rua Dona Inácia Uchoa, 62
04110-020 – São Paulo – SP (Brasil)
Tel.: (11) 2125-3500
http://www.paulinas.org.br – editora@paulinas.com.br
Telemarketing e SAC: 0800-7010081

© Pia Sociedade Filhas de São Paulo – São Paulo, 2004

SEPAC – Serviço à Pastoral da Comunicação
Rua Dona Inácia Uchoa, 62 - 2º andar
04110-020 – São Paulo – SP (Brasil)
Tel.: (11) 2125-3540
http://www.sepac.org.br – sepac@paulinas.com.br

Sumário

APRESENTAÇÃO 9

1. A PROPAGANDA NO CONTEXTO MERCADOLÓGICO 11
Composto mercadológico 11

2. CONCEITOS DE PUBLICIDADE E PROPAGANDA 15
Origens 15
Objetivos 16
Os protagonistas da propaganda 17
Campanha de propaganda 17

3. *BRIEFING* OU ESTRATÉGIA DE CRIAÇÃO 21
Conceito de *briefing* 21
   Vantagens de um *briefing* corretamente elaborado .. 21
   Características de um *briefing* tecnicamente correto . 22
   Por que utilizar o *briefing*? 22
Estrutura e principais fundamentos de um *briefing* 23
   a) Problema 23
   b) Pessoas (ou público-alvo) 23
   c) Produto 25
   d) Promessa 25
   e) Plataforma 26

4. CRIAÇÃO PARA MÍDIA IMPRESSA ... 27

O anúncio para revista e jornal ... 27

   Pré-requisitos que geram eficiência ... 27

   Características de um anúncio eficiente ... 28

   Elementos estruturais do anúncio impresso ... 29

   Anatomia de um anúncio ... 30

   Criação de um anúncio impresso ... 30

   Conceito-chave ... 31

   Títulos: sempre um bom começo ... 31

   Diretrizes para a redação de títulos ... 36

   Estrutura do anúncio: resumo ... 40

   Diretrizes para redação de anúncios ... 42

Glossário ... 44

Outdoor ... 46

   Conceito de *outdoor* ... 47

   Características da mensagem de *outdoor* ... 47

   Eficiência da mensagem de *outdoor* ... 49

   Ruídos de comunicação em *outdoor* ... 51

   Síntese conceitual ... 52

   Diretrizes de criação para *outdoor* ... 53

Cartaz ... 54

   Tipos de cartazes ... 54

   Características do cartaz ... 54

5. MÍDIA ELETRÔNICA 57
Rádio 57
  Pré-requisitos para a criação em rádio 57
  Características da linguagem radiofônica 58
  Formas de mensagem radiofônica 58
  Recomendações para criação em rádio 60
  Diretrizes para criação em rádio 61
  Preparação de original 62
  Modelo de original 62
Televisão 64
  Características 64
  Um ingrediente fundamental: o drama 66
  Na TV, o poder da mensagem está na imagem 67
  Diretrizes para redação em TV 75

6. ELEMENTOS DE APOIO TÉCNICO E CONCEITUAL 77
Fases de evolução da propaganda no Brasil 77

BIBLIOGRAFIA 79

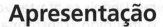

Apresentação

Antes de aceitar-se a definição clássica da propaganda como sendo o conjunto de meios destinados a informar o público e a convencê-lo a comprar um produto ou serviço, é sempre interessante lembrar outras versões, surgidas ao longo do tempo e que acrescentam um sabor especial.

Robert Guérin, expoente da propaganda francesa, dizia que "o ar é composto de oxigênio, azoto e propaganda". Insistia, assim, sobre uma de suas características mais expressivas: a universalidade.

Outra enunciação, anônima, a define como "aquilo que dá o desejo do que se necessita e a necessidade do que se deseja", enfatizando a força da propaganda.

Já foi dito que "a propaganda é o vento, mas vento que faz girar os moinhos". Os moinhos ou as fábricas...

A propaganda é também definida no próprio *slogan* da agência McCann-Erickson Publicidade como "a verdade bem dita", e talvez seja esta a melhor maneira de identificar esse misto de arte e técnica, responsável por uma história que se tornou clássica nos meios publicitários: a do cego da ponte de Brooklyn.

Em uma manhã de primavera, um pedestre – coincidentemente um publicitário –, ao atravessar aquela ponte, para diante de um mendigo que em vão estendia seu chapéu à indiferença geral. Num cartaz à sua frente, a inscrição: "cego de nascença".

Emocionado por tal espetáculo, o publicitário dá sua esmola e, sem nada dizer, vira o cartaz e nele rabisca algumas palavras. Depois se afasta. Voltando no dia seguinte, encontra o mendigo transformado e encantado, e este lhe pergunta por que, de repente, seu chapéu se enchera daquela maneira.

"É simples", responde o homem, "eu apenas virei seu cartaz e nele escrevi: 'É primavera e eu não a vejo'".

Histórias como esta fazem com que, embora surja controvérsias e muitos anos se passem, se torne cada vez mais irrefutável a definição segundo a qual a propaganda é e sempre será "a verdadeira alma do negócio".

Com a publicação deste Manual, o SEPAC espera oferecer aos cursistas do laboratório de Publicidade e Propaganda um instrumento de apoio nos estudos iniciais dessa importante ferramenta de comunicação.

A proposta é facilitar a assimilação de alguns dos principais conceitos sobre o assunto, na medida em que, na elaboração deste Manual, se procurou contemplar o próprio desenvolvimento do cronograma de atividades do Laboratório, estabelecendo um fluxo de informações organizado e funcional.

Apresentado em tópicos sequenciais, espera-se que o aluno encontre, além dos conceitos básicos da atividade publicitária, um estímulo ainda maior, seja para um melhor aproveitamento do curso, seja para consultas futuras.

1. A propaganda no contexto mercadológico

Para que se entenda de maneira mais ampla o seu verdadeiro significado, é preciso visualizar a publicidade e a propaganda como um elenco de atividades inseridas num contexto maior, que é o *marketing*.

Traduzido de forma genérica, *marketing* significa um sistema diversificado e complexo, envolvendo processos e operações, organizado com a finalidade de otimizar a *performance* mercadológica de um produto ou serviço, desde a concepção até o seu consumo.

Todo esse complexo acha-se resumido na noção fundamental do *marketing*, identificado com o composto mercadológico, também conhecido como *marketing mix* ou ainda por Teoria dos Quatro P's. Esta denominação deve-se ao fato de ter sido popularizada a versão formada pelas iniciais em inglês das palavras *product*, *price*, *point of sale* e *promotion*, respectivamente produto, preço, ponto de venda e promoção.

Composto mercadológico

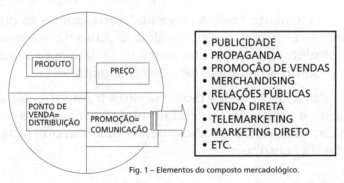

Fig. 1 – Elementos do composto mercadológico.

Das inter-relações, bem como da interdependência entre os quatro elementos do composto mercadológico, resulta um elenco de atividades capaz de proporcionar condições ideais de planejamento, produção e comercialização de praticamente qualquer produto ou serviço.

Analisando cada uma das quatro variáveis, encontramos no quadrante "produto" um estudo profundo envolvendo informações a respeito de mercado passado, presente e futuro; uma revisão das possíveis mudanças na sua divisão, liderança, participantes, flutuações, custos, preços e concorrência.

Promove-se uma meticulosa conceituação e definição, com a exata descrição do produto ou serviço a ser comercializado, principalmente quanto aos seus pontos fortes e fracos, ameaças e oportunidades.

A variável "preço" consiste na formulação de estratégias que irão determinar o custo final do produto ao consumidor, incluindo-se todos os investimentos necessários ao seu desenvolvimento e produção, tanto nos aspectos de custos fixos quanto variáveis.

Na análise são considerados os valores relacionados a materiais, mão de obra, taxas, impostos, implementos e, ainda, as margens de lucro do produtor e do revendedor.

O elemento "ponto de venda" corresponde ao planejamento estratégico envolvendo a logística de distribuição do produto, ou seja, os procedimentos relativos à colocação do produto ao alcance físico do consumidor.

Abrange tudo que diga respeito a transporte, armazenagem e exposição do produto ou serviço nos seus canais de distribuição, bem como o porcentual com que cada um deles irá contribuir.

O quadrante "promoção" é aquele em que se localizam todas as ferramentas e técnicas de comunicação, necessárias à divulgação do produto ou serviço aos seus consumidores em potencial. É nesse elemento que são definidas qual ou quais estratégias irão transmitir melhor todas as informações, apelos, vantagens e benefícios capazes de influenciar a atitude de compra ou preferência por parte do consumidor potencial.

Ao lado da publicidade e da propaganda, encontra-se um leque de opções e alternativas, cada qual com objetivos, técnicas e procedimentos específicos.

2. Conceitos de publicidade e propaganda

Origens

O significado do termo "publicidade" é derivado da expressão latina *publicus* e pode ser traduzida como "a qualidade daquilo que é público", ou seja, conhecido ou entendido por todos.

Portanto, a noção de publicar situa-se muito próximo do ato de vulgarizar uma determinada informação, tornando público um fato ou ideia.

A palavra "propaganda" deriva do latim *propagare*, termo antigamente utilizado na agricultura e que traduzia a noção de reproduzir por meio de "mergulhia", técnica que consistia em enterrar o broto de uma planta no solo.

Ao fundar em 1597 a Congregação da Propaganda, com o objetivo de aumentar a propagação da fé católica pelo mundo, o papa Clemente VII estabeleceu uma analogia com o conceito de mergulhar, plantar a semente da doutrina cristã nos corações e mentes.

A partir daí a palavra adquiriu o sentido específico de identificar a ação de propagar com qualquer tipo de doutrina religiosa e princípios filosóficos ou políticos.

Com o tempo, ambos os termos publicidade e propaganda ganharam identidade própria e, genericamente, passaram a designar toda ação capaz de tornar público ou divulgar um fato, num sentido semelhante ao dos atuais veículos de comunicação de massa.

Por outro lado, o termo propaganda revestiu-se do sentido de implantar, incutir uma ideia ou crença na mente alheia, e, em última análise, simboliza aquilo que todo anunciante espera conseguir para sua marca ou seu produto.

Atualmente o uso das duas expressões guarda praticamente o mesmo significado. Alguns estudiosos e cultores linguísticos, porém, ainda estabelecem certa diferenciação, conceituando a publicidade como forma de comunicação paga e de autoria claramente identificada, enquanto o termo propaganda seria mais adequado para designar a comunicação de natureza ideológica, realizada num plano genérico, anônimo, informal, porém, de caráter proselitista.

Hoje a palavra propaganda é mais utilizada para identificar a atividade, o profissional e o negócio publicitário. Por esse motivo aparece de maneira predominante no texto deste Manual.

Objetivos

Entre os objetivos possíveis de serem atingidos pela propaganda, relacionam-se os seguintes:

- *Notoriedade*: significa tornar conhecido o produto, suas características ou seu emprego;
- *Afetividade*: gerar atitudes de preferência, corrigir aspectos negativos, manter ou reforçar atitudes positivas;
- *Ação*: convencer os diversos níveis de público de que o produto possui qualidades que satisfaçam suas necessidades de conforto, segurança, sedução, informação etc.

Os protagonistas da propaganda

Dentro do ambiente da propaganda militam profissionais atuantes nas seguintes áreas:

- *Anunciantes*: empresas (industriais, comerciais, serviços), entidades (governo, ministérios, secretarias, estatais), igrejas, organizações (ONGs, entidades de classe) etc.;

- *Agências*: planejam, idealizam, executam campanhas, administram a verba do anunciante, atuam como consultorias de *marketing*, reservam e compram espaços nos veículos de comunicação etc.;

- Meios de comunicação: representados pelos veículos impressos e eletrônicos;

- Fornecedores: produtoras, fotógrafos, *designers*, modelos, atores, gráficas, *bureaus* etc.

Campanha de propaganda

Graças aos modernos recursos da comunicação, observa-se cada vez mais o aumento na interatividade entre a empresa e seus clientes nos estágios de pré-vendas, vendas, consumo e pós-consumo.

Novas tecnologias permitem que a comunicação ocorra não apenas por meio da mídia tradicional (jornal, revista, rádio, TV etc.), como também pelos novos meios (computador, fax, telefone celular etc.), fazendo com que seja cada vez menos massiva e adquira características de diálogo e direcionamento.

A comunicação eficiente depende de vários elementos, cada qual cumprindo funções muito importantes.

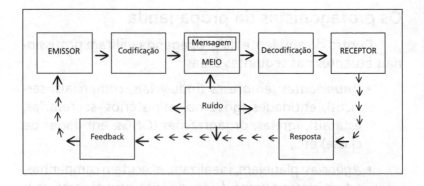

A figura acima ilustra um modelo de comunicação com nove elementos, em que *emissor* e *receptor* representam as *partes envolvidas*. As *ferramentas de comunicação* são simbolizadas pela *mensagem* e o *meio*. Os outros quatro elementos – *codificação, decodificação, resposta e feedback* – figuram como o fluxo da comunicação. O elemento *ruído* aparece como *mensagens aleatórias e concorrentes* que podem interferir na comunicação.

Uma campanha de propaganda é um esforço de comunicação que parte de um *anunciante* (emissor). Recebe ajustes e adequação (codificação) para se transformar em várias *peças publicitárias* (mensagens) adequadas aos formatos dos *meios de comunicação*, representados por jornal, revista, TV, *outdoor* etc.

Embora veiculadas nesses diferentes meios, normalmente as mensagens mantêm características semelhantes quanto à forma (visual) e ao conteúdo (textos). São estruturadas de maneira que sejam percebidas e assimiladas (decodificação) por parte do público (receptor), que irá formar uma ideia, opinião ou atitude a respeito (resposta). É natural que este receba outros estímulos que competem pela sua atenção, bem como mensagens de outros anunciantes disputando a sua preferência (ruídos).

Dependendo do que tenha ficado retido na memória do público, ele irá manifestar sua posição (*feedback*) em relação à mensagem ou conjunto de mensagens recebidas. Se for positiva ou de aceitação, normalmente a ação consequente é a de compra do produto anunciado.

Contudo, mesmo que a mensagem seja recebida de forma negativa, isto irá retroalimentar o sistema, e assim o anunciante certamente fará correções ou redirecionamentos na comunicação, reiniciando o processo e procurando atingir resultados positivos no próximo esforço (campanha).

Como se percebe, em propaganda não funcionam esforços isolados. É por meio do acúmulo sequencial de informações e referências, recebidas mediante sucessivas mensagens e campanhas, que o público forma e consolida sua impressão a respeito de marcas e produtos.

Aqueles que conseguem construir uma base positiva, cada vez maior e mais sólida na mente das pessoas, é que normalmente constituem as suas preferências, sendo mais lembrados na hora da compra.

3. *Briefing* ou estratégia de criação

Quando se vê um anúncio impresso, um filme na TV, uma peça de rádio, um cartaz, um folheto ou até mesmo uma bandeirola, uma coisa é certa: por trás dessa peça publicitária existiu um minucioso trabalho de planejamento, que foi por onde tudo começou.

Esse trabalho, um documento elaborado de forma bastante sintética e objetiva, é que orienta todos os procedimentos de redatores, diretores de arte e produtores, visando a um bom resultado final.

Conceito de *briefing*

Por meio do seu departamento de *marketing*, o cliente fornece à agência determinadas diretrizes, que servirão como elemento orientador para o desenvolvimento de uma campanha.

Dá-se o nome de *briefing* ao *resumo escrito dessas diretrizes, identificando a base sobre a qual se espera que os consumidores comprem (ou prefiram) o produto ou a marca anunciada.*

Normalmente obtido pelo setor de atendimento da agência, esse documento contém *informações a respeito do produto, do mercado, do consumidor e da empresa, além de especificações sobre os objetivos mercadológicos e de investimento do cliente.*

Vantagens de um briefing *corretamente elaborado*
- Condiciona o setor de atendimento a pensar sob a ótica da criação.

- Ordena o raciocínio.
- Facilita o trabalho criativo.
- Minimiza reprovações.
- Rentabiliza a operação.
- O cliente passa a ser "cúmplice".
- Minimiza a subjetividade na fase de aprovação do trabalho.
- Proporciona mais segurança para o setor de atendimento.
- Evita desgaste cliente/agência.

Características de um briefing tecnicamente correto

- Deve *identificar claramente o benefício básico do produto/serviço*; aquele que determina a principal razão para a compra.
- Deve ser *claro*, evitando dúvidas de interpretação.
- *Simples*. O número de elementos essenciais deve ser o menor possível.
- Não deve *amarrar* a criação. Deve identificar *quais* os benefícios e não *como* esses benefícios serão apresentados.
- Tem de oferecer elementos *competitivos*: conter respostas para a pergunta "por que comprar este produto em vez de outro qualquer?".

Por que utilizar o *briefing*?

- Assegura que os profissionais de criação estejam cientes de todas as informações aplicáveis.

- Disciplina o setor de atendimento para assegurar que todas as faces do problema sejam abrangidas.
- Uma forma organizada de delimitar um problema sempre facilita a busca de soluções.

Estrutura e principais fundamentos de um *briefing*

a) Problema

Quais as necessidades, desejos ou aspirações do consumidor que podem ser solucionadas pelo produto? Envolve necessariamente as seguintes informações:

- vantagens que oferece;
- expectativas a que atende;
- diferencial (*plus* = "aquele" algo mais...).

Também conhecido como *fator-chave*, traduz um elemento sobre o qual a propaganda pode atuar e/ou interferir.

Normalmente é identificado com a análise minuciosa da *performance* do produto, atitude do consumidor, atividade da concorrência, situação do mercado, tendências econômicas etc.

b) Pessoas (ou público-alvo)

Com quem iremos falar sobre o produto? Qual é o perfil do seu consumidor típico? Sobre isso, precisamos saber:

- quem é;
- como vive;
- o que pensa;
- quais os seus hábitos e atitudes em relação ao produto;
- frequência de compra;
- frequência de uso;
- imagem que tem do produto.

Para melhor identificar esse elemento, também conhecido como *público-alvo*, devem-se qualificar as informações a seu respeito, considerando os aspectos *demográficos* e *psicográficos* (*life style*).

São considerados aspectos demográficos:
- classe social;
- faixa etária;
- sexo;
- estado civil;
- nível de escolaridade;
- localização geográfica.

Podem ser definidos como elementos psicográficos:
- estilo de vida;
- condição matrimonial;
- *hobbies*/passatempos/voluntariado;
- prazeres e curtições;
- hábitos (conservador/moderno).

c) Produto

Que tipo de produto ou serviço estaremos anunciando? O que ele contém ou faz de diferente em relação aos seus concorrentes? É fundamental conhecer:

- *O que é e para que serve* (informação relevante, por traduzir o *conceito do produto*);
- Formas de apresentação ou embalagem;
- Preços;
- Principais concorrentes.

Aqui não se trata de uma simples "lista de marcas", mas a identificação dos concorrentes *principais* e *diretos*. É essencial verificar o posicionamento ou a maneira pela qual se apresenta cada um deles, além de uma análise realista da sua *performance* e ações de comunicação realizadas nos últimos dois anos.

d) Promessa

O que vamos dizer? Qual é a essência da mensagem, capaz de dar ao consumidor maior motivação, razões e estímulo para consumir o produto? Significa saber:

- principal benefício a ser oferecido/comunicado;
- razão do benefício (*reason/why*).

Deve ser uma informação definida exclusivamente sob o ponto de vista do *usuário*. Revela não do que a marca precisa, mas sim o que o *consumidor* dela espera. Deve expressar com clareza a razão pela qual a proposta é feita. Significa definir *como* a propaganda pode resolver determinado problema do consumidor.

Normalmente envolve a intenção de fazer com que os consumidores experimentem um novo produto, substituam um hábito, usem o produto mais frequentemente, mudem de ideia sobre tal produto etc.

Às vezes traduz benefícios intangíveis (a boa mãe, a recompensa pessoal, o prestígio, a aceitação social, o lugarzinho no céu etc.).

e) Plataforma

Como vamos nos comunicar? Onde nossa mensagem deve ser colocada (meios de comunicação) para alcançar o perfil da audiência desejada? Devemos relacionar:

- meios de comunicação e suas especificações (ex.: jornal – anúncio 1/4 página);

- programação (área geográfica, períodos, cronograma);

- obrigatoriedades ou limitações (impostas pelo cliente, pela legislação, pelos aspectos sociais e éticos etc.).

Este último tópico define o tratamento a ser dado à campanha e inclui aspectos que obrigatoriamente devem ser considerados ou excluídos. Entre eles os mais relevantes são restrições de ordem legal e jurídica (Conar, Código do Consumidor etc.), limitações de mídia (meios, espaços, formatos etc.) e de produção (verbas, períodos).

4. Criação para mídia impressa

O anúncio para revista e jornal

Pré-requisitos que geram eficiência

Entender o processo de criação de um anúncio é um passo enorme para se aprender, de modo indireto, como se dá a criação de qualquer outro suporte de comunicação impressa.

Um anúncio contém basicamente os mesmos elementos estruturais de outros suportes de comunicação impressa, tais como cartazes, *outdoor*, folhetos, malas diretas etc.

Para que se transforme numa peça eficiente, deve proporcionar ao leitor as seguintes características:

- *Ser acessível*: a mensagem do anúncio deve ser facilmente entendida de forma a não concorrer diretamente com aquilo que o leitor pagou para ler. Tudo deve ser facilitado para que se perceba, entenda e assimile a mensagem do anúncio, sem precisar fazer nenhum esforço adicional.

- *Oferecer algum tipo de recompensa*: deve haver algum tipo de gratificação implícita ou explícita na promessa do anúncio. A promessa deve caracterizar uma vantagem ou benefício transmitido de forma a ser prontamente captada pelo leitor como algo capaz de melhorar um aspecto da sua vida ou no mínimo resolver um problema.

- *Manter sintonia com o perfil do leitor*: a tendência normal do indivíduo é absorver a mensagem que seja compatível com o seu quadro de referências anteriores, já aceitas. A experiência revela que é muito mais fácil incutir um novo hábito nas pessoas do que modificar um já existente.

Por esse motivo, a mensagem de um anúncio deve estar em sintonia com as crenças e valores dos seus leitores. Qualquer coisa que contrarie esse referencial corre o risco de ser rejeitada.

- *Falar de perto aos interesses do leitor*: a mensagem deve estar voltada para algum elemento localizado no plano de interesses do indivíduo. Ou que, no mínimo, o sensibilize em alguma aspiração do seu âmbito pessoal, familiar ou social, nos diversos papéis por ele assumidos. Só após haver essa identificação é que será possível contar com a sua atenção.

- *Apresentar algo que surpreenda o leitor*: em uma revista ou jornal, muitos anúncios competem entre si, disputando a atenção do leitor. Costumam destacar-se aqueles que apresentam alguma coisa conhecida, porém de forma nova e surpreendente.

Características de um anúncio eficiente

Além dos fatores citados, um bom anúncio deve possuir as seguintes virtudes:

- *Ser original*: destacar-se de uma forma qualquer – no apelo, no título, na ilustração, no *layout*, na diagramação etc.;

- *Ser oportuno*: o anúncio deve atingir o leitor no momento mais adequado e da maneira mais conveniente e atual;

- *Ser persuasivo*: o leitor tem de acreditar na mensagem. O anúncio deve sinalizar vantagens ou benefícios efetivos;
- *Ser persistente*: em propaganda não adiantam esforços isolados. Deve acontecer um acúmulo de referências sobre o produto, marca ou empresa na mente do público;
- *Ser motivador*: os apelos devem atender às necessidades e desejos, responder aos anseios, mostrar ao leitor que o sonho dele pode se tornar realidade.

Elementos estruturais do anúncio impresso

ELEMENTOS	FUNÇÃO
TÍTULO + ILUSTRAÇÃO	Atrair a atenção.
BLOCO DE TEXTO	Conteúdo informativo.
ASSINATURA	Identificação do emissor.
PRÉ e SUBTÍTULOS	Simplificar a ideia, esclarecer o sentido, desenvolver uma promessa, servir de moldura para o nome do produto.

Anatomia de um anúncio

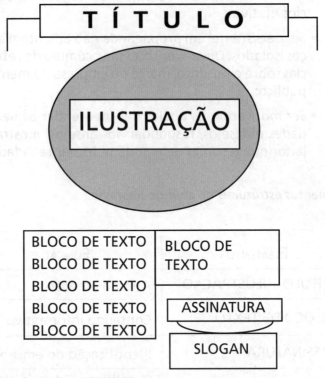

Criação de um anúncio impresso

A primeira coisa que o redator costuma pensar ao iniciar a criação de um anúncio é no *título*. Juntamente com a *ilustração*, definida pelo diretor de arte, será o elemento responsável pela transmissão do *conceito-chave*, visando captar a atenção e/ou o interesse do leitor.

Daí a importância de esse trabalho ser realizado em conjunto pelos profissionais de redação e direção de arte (ou comunicação visual).

Conceito-chave

O conceito-chave (ou apelo básico) é a essência da mensagem a ser transmitida pelo anúncio. Constitui o núcleo do tema ou ideia criativa, responsável por traduzir para o leitor aquilo que o produto possui de mais importante ou interessante para ele. Pode-se dizer que se trata da razão pela qual o leitor deveria comprar o produto.

Para chegar ao conceito-chave é fundamental descobrir o máximo a respeito do produto: o que é, para que serve, como é feito, do que é feito, qual a sua principal utilidade, quais as utilidades secundárias, quanto custa etc.

De todas essas informações, deve-se procurar identificar a mais importante ou significativa. E com ela ocupar-se, na busca do conceito-chave.

Títulos: sempre um bom começo

O título é como um telegrama que se envia ao leitor, no qual se acha resumido o apelo ou a essência da mensagem contida no anúncio.

Como visto na representação dos elementos estruturais, o título, juntamente com a ilustração, constitui o elemento responsável pela atração e captação da atenção do leitor. Há dois ingredientes que costumam ser bastante eficazes nessa tarefa:

• referir-se a algum ponto de *interesse* do leitor;

• explorar algum elemento que desperte a sua *curiosidade*.

Imagine um anúncio sobre determinado produto indicado para queda de cabelos. É evidente que se direciona para um segmento de público, formado por pessoas que apresentam esse problema.

Utilizando o elemento *interesse*, o título poderia ser formulado da seguinte maneira:

> Sua calvície pode ter fim.

Há uma boa chance de que esse título *interesse* a grande número de pessoas calvas. Por outro lado, buscando explorar o elemento *curiosidade*:

> Descoberta científica soluciona importante problema estético.

Este título poderia atrair leitores *curiosos* de saber mais a respeito dessa descoberta e qual o problema estético que ela se propõe a resolver.

No entanto, o ideal do ponto de vista da criação é quando se consegue *combinar* os dois elementos, tornando a proposta mais completa e abrangente:

> Descoberta a solução científica para o fim da calvície.

Títulos diretos

São aqueles que de alguma forma *selecionam* o leitor. Exemplos:

> Na hora de comprar ferragens e ferramentas, visite o Jumbo Eletro.
>
> Seus filhos vão ficar antenados nessa sopa. Chegou Sopateen Maggi.

Os títulos diretos também *informam* sobre o produto:

> Chegou Vasenol com Bio-Proteínas inteligentes. Onde você mais precisa, Vasenol hidrata mais.
>
> Novo Gelamin, sem açúcar e com mais colágeno. Não era o seu corpo que andava pedindo por mudanças?

Títulos indiretos

O título indireto constitui uma *mensagem generalizante*, em que o significado ou sentido depende do conjunto formado com a ilustração. Exemplos:

> Cada um na sua. (Cigarro Free)
>
> O que nasceu livre deve viver livre. (Soutiens Du Loren)
>
> Especial é você. (Cheque Especial Banespa)

Os títulos indiretos aparecem de maneira mais frequente em anúncios que envolvem aspectos emocionais ou subjetivos do leitor.

Tipos de títulos

Um recurso para produzir boas ideias para títulos é o uso de determinados recursos de entonação que um título pode assumir. Os mais comuns, seguidos de exemplos, são os seguintes:

- *Afirmativos* (soam como uma *afirmação*):

> Tá assim de gente querendo um lugar na sua agenda Tilibra.
>
> As mulheres sempre conquistam o que querem. (Davene)

- *Promessa* (por *prometerem* alguma coisa futura):

> Use Canoe e os ventos sempre soprarão do seu lado.

- *Conselho* (*aconselham* o leitor a fazer alguma coisa. Sempre utilizam um verbo no imperativo, soando como uma "ordem" dada ao leitor):

> Mulheres: uma vez por mês, sigam a tabelinha. (Intimus Gel)
>
> Fale de beleza com quem mais entende do assunto. (Avon)

- *Noticiosos* (soam como uma *notícia*, uma manchete de jornal):

> A Consul acaba de aumentar a área útil de sua cozinha.
>
> Aprovado o uso de silicone nos cabelos. (Yuan)

- *Comparativos* (*comparam* o produto com alguma coisa):

> Suas células oxidam como uma maçã. A diferença é que a maçã você pode jogar fora. (Sundown Vitamins)

- *Testemunhais* (usam o *depoimento* de alguém, geralmente uma personalidade, que empresta seu prestígio ao produto anunciado):

> "Se eu fosse você só usava Valisère..." (Clodovil)

- *Especiais* (usam no anúncio uma frase ou expressão comum ou conhecida em outro contexto):

> Peixe na manteiga. (Tecidos tdb/lycra)
> Lição de anatomia. (Intimus Gel)
> Operação Tapa-Buracos. (Mitsubishi Pajero)

Pré-títulos e subtítulos

Certas ideias são muito complexas para serem resumidas no limitado número de palavras que um título comporta.

Nesse caso, o melhor a fazer é dividir o período, por meio de um pré ou subtítulo, objetivando:

- Esclarecer melhor o sentido:

    Título: Elegantes, charmosos e ainda fazem bonito na mesa.

    Subtítulo: Só podia ser Tramontina.

- Acrescentar ou desenvolver uma promessa:
  Título: A diferença entre uma embalagem que vende e uma que embrulha.
  Subtítulo: Edeá embala melhor.

- Sublinhar a seletividade da oferta:
  Título: Tomate puro é Puropurê.
  Subtítulo: Só pode ser.

- Servir de moldura para o nome do produto:
  Título: Enfim, um investimento à prova de oscilações.
  Subtítulo: Fundo Banespa di-commodities.

Diretrizes para redação de títulos

1. De preferência, o título deverá ser dirigido a leitores interessados no produto.

> Vision, a panela que mostra o que faz.
> Mate a sede da sua pele. (Loção Sundown)

2. Atenção ao usar títulos negativos.

> Não é fácil abrir esta tampa, mas é isso que dá mais segurança ao nosso produto. (Alimentos Infantis Nestlé)
> Não troque um bom negócio por gentilezas. (Unibanco)

3. Reservas quanto a usar títulos interrogativos.

> O senhor aceita um copo de água torneiral? (Filtro Salus)
>
> Como avaliar o preço de um milagre? (Crédito Rural Banespa)

4. Trocadilhos, provérbios e outras obscuridades literárias costumam ser rejeitadas pelos leitores.

> "Mes lévres ont été enchanté, maintenant sont magie", (Batons Magie/Pierre Alexander)

5. Não escreva anúncios sem títulos.

Como o título, juntamente com a ilustração, é responsável pela captação do interesse ou curiosidade do leitor, criar um anúncio sem título significa estar jogando fora 50% do poder de atração da peça.

6. A ilustração deve complementar ou ajudar a tornar claro o significado do título.

São forças que se unem no sentido de transmitir instantaneamente o conceito do produto. Ambos se apoiam, se reforçam e se complementam.

7. Brevidade em título é uma qualidade excelente, porém, não a mais importante.

A medida exata do título é a ideia. Portanto, complete seu pensamento mesmo que tenha de colocar algumas palavras a mais no título. Se achar que ficou muito longo, use o recurso dos pré ou subtítulos.

Selecionando a melhor idéia

Ao se esgotarem todas as possibilidades, seja em matéria de criar títulos, seja em termos de pré-visualizar a ilustração, deve-se fazer, então, uma busca criteriosa, selecionando a melhor de todas as ideias.

A escolha deve recair naquela que melhor transmita o conceito-chave, que desperte maior interesse ou curiosidade no público-alvo e que melhor se encaixe dentro do conteúdo editorial do veículo.

É essencial que o título transmita o conceito-chave *juntamente* com a ilustração. Ele deve permitir a elaboração de um *layout* tão atraente, convidativo e interessante quanto possível.

Bloco de texto: o importantíssimo primeiro parágrafo

Definido o conjunto título/ilustração, passa-se ao bloco de texto, procurando dar ao primeiro parágrafo a mesma conotação do título. É preciso manter o leitor "preso" ao anúncio, seja pelo interesse, seja pela curiosidade.

Também chamado de *argumentação inicial*, o primeiro parágrafo deve manter viva a ideia do título, dando a ele uma espécie de sequência, de sustentação. Se o título, juntamente com a ilustração, é fator de atração para o anúncio, dar prosseguimento ao mesmo argumento é uma forma de manter a atmosfera à qual o leitor se mostrou receptivo.

O meio do texto: tudo de bom para o leitor

O momento seguinte ao primeiro parágrafo é o da *comprovação dos argumentos*, nome técnico dado a essa parte do bloco de texto em que se conta ao leitor tudo que o produto tem de interessante ou vantajoso.

É necessário que se conte isso ao leitor de forma natural e espontânea, sem afetações e sem usar uma linguagem "de literatura". É mais fácil alguém aceitar uma sugestão do que uma *imposição*.

No fim, deixe claro o que você quer que o leitor faça

Termine o bloco de texto da mesma forma com que o iniciou, ou seja: volte a falar do elemento que você considera mais importante *para o leitor*. Lembre-se de que foi isso que o atraiu para o anúncio, lá em cima, no título, juntamente com a ilustração.

Deixe claro o comportamento ou atitude que o leitor deve adotar para poder ter acesso às vantagens e benefícios do produto. Não dê "ordens", apenas *sugestões*. Não esqueça que nessa altura do texto você está fazendo uma conclusão, baseada na *retomada dos argumentos ou ideias iniciais*.

Do ponto de vista técnico, não existe diferença em concluir o bloco de texto retomando a ideia do título ou a do primeiro parágrafo. Lembramos que o primeiro parágrafo é, na verdade, um "prolongamento" da ideia do título.

Slogan: o complemento da identificação

O *slogan* é um componente que *faz parte da assinatura da peça, aparecendo juntamente com o logotipo do produto ou do anunciante.*

> **CONCEITO DE SLOGAN:**
>
> Frase curta, de fácil memorização, que de maneira condensada e incisiva "vende" um produto ou serviço, deixando explícita uma vantagem ou benefício oferecido pelo produto/serviço ou pelo anunciante.

Podem existir *slogans* de produtos e de campanhas. A seguir, alguns exemplos de *slogans*, juntamente com as marcas que os acompanham:

> Free. Questão de bom senso.
>
> Continental 2001. A marca da evolução.
>
> Du Loren. Porque nem toda mulher é igual.
>
> Carlton. Um raro prazer.
>
> Brasilit. A telha que está por cima.

Lembrando que *slogan não é título*, veja estes exemplos de maus *slogans*, que pecam pelo excesso de texto, o que prejudica a memorização:

> Tampax. Tão confortável que você nem sente que está menstruada.
>
> Casa Centro. O shopping dos eletrodomésticos no centro, o centro dos eletrodomésticos no shopping.

Estrutura do anúncio: resumo

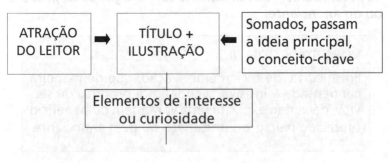

BLOCO DE TEXTO

1º PARÁGRAFO —> ARGUMENTAÇÃO INICIAL
- Dá sequência à ideia do título
- Mantém o interesse/curiosidade do leitor
- Estabelece a "atmosfera" do texto
- Reforça o conceito-chave do título

MIOLO DO TEXTO -> COMPROVAÇÃO DOS ARGUMENTOS
- Dirigindo-se ao leitor, descreve as vantagens, características e benefícios do produto.
- Não deve ser uma simples enumeração, mas sim fluente, amistoso e informal.

CONCLUSÃO —> RETOMADA DO TÍTULO OU 1º PARÁGRAFO
- CONVITE À AÇÃO: o que o leitor deve fazer, ou o que se espera que ele faça.
- Geralmente construído sobre as ideias-chave do título e/ou 1º parágrafo.
- Não deve soar como *imposição*, e sim como sugestão.

ASSINATURA

- Logomarca do produto e/ou do anunciante. → Reservar lugar de destaque na composição da peça.

+

- *SLOGAN* → Frase curta, simples, de fácil memorização e efeito. → "Vende"/transmite vantagem ou benefício principal.

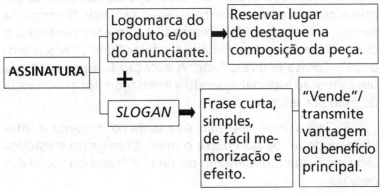

Diretrizes para redação de anúncios

1. *Não faça rodeios*: entre direto no assunto; vá logo ao ponto principal.

2. *Seja específico e conciso*: Evite superlativos, generalizações, excesso de adjetivos e lugares-comuns (frases feitas ou muito desgastadas, do tipo "você merece", "o melhor", "prático e confortável" etc.).

3. *Facilite a leitura*: divida seu texto em parágrafos, mesmo que seja um texto curto.

4. *Escolha bem as palavras*: não é preciso consultar dicionário, basta usar os verbos, substantivos, adjetivos e advérbios da forma mais simples.

5. *Torne o texto interessante*: fale de maneira amistosa e agradável, selecionando os apelos e argumentos. Há sempre duas formas de dizer as coisas: a *convencional*, sem emoção, e a *original*, com o brilho típico da linguagem publicitária.

6. *Use sentenças curtas, diretas e simples*: isso já foi dito, mas nunca é demais repetir.

7. *Escreva no presente, no singular, na posição do leitor*: escreva *aqui* e *agora*, para *um* leitor apenas – a comunicação pressupõe um *emissor*, um *canal* e um *receptor*. Na primeira pessoa, a mensagem fica centrada no emissor, portanto, o ciclo não se completa. Evite, pois, falar "nós", "nosso produto", "nossa empresa" etc. A exceção fica por conta de uma situação especial: quando a mensagem for estruturada de maneira *testemunhal*.

8. *Seja afável, mas não seja palhaço*: respeite a inteligência do leitor, não baixe o nível. Bom gosto e estética são coisas que independem do nível cultural ou social das pessoas.

9. *Respeite os princípios morais do seu leitor*: escreva o anúncio sem receio de que ele seja lido por sua mãe, sua irmã ou seu irmãozinho menor. A liberdade criativa deve possuir limites.

Algumas dicas importantes para os redatores

Ao criar o texto de um anúncio, siga este roteiro:

1. Faça à parte uma lista de fatos, informações e argumentos que obrigatoriamente deverão figurar no texto.

2. Escreva um texto-base, rapidamente para não perder o fluxo de ideias, deixando para o final as emendas e correções.

3. Procure dizer tudo com poucas palavras, mas sem comprometer a clareza e a legibilidade.

4. Um bom truque para se descobrir a existência de "ruídos" no texto é *lê-lo em voz alta*.

5. Identificados os pontos problemáticos, procure tornar fortes os pontos fracos, claros os duvidosos. Risque as repetições.

6. Um texto nunca sai "redondo" na primeira passada. É sempre recomendável fazer o que se chama "pentear" o texto. A cada vez que se reescreve um texto, ele se torna melhor.

7. Adquira o hábito de *ler anúncios*. É preciso estar por dentro de qualquer nova tendência ou novidade.

8. Se não tiver, adquira o hábito de ler. Redator ou não, publicitário ou não, a leitura só faz bem, independentemente de você ser ou não ser um publicitário, um redator.

Glossário

Apelo: uma qualidade notável ou de valor para o consumidor, que se promete ser proporcionada por um dado produto.

Argumento de venda: apelo que dramatiza para o consumidor os benefícios do produto, atraindo sua atenção para todo o anúncio.

Bloco de texto (ou *Body copy*): bloco principal do texto de um anúncio, no qual se desenvolvem os argumentos de venda do produto.

Foto-legenda: pequeno texto explicativo ou descritivo nas ilustrações ou fotos para jornais ou revistas. Usada também em folhetos.

Proposição de venda: apelo central de um anúncio ou de uma campanha, utilizada para vender um produto ou serviço em termos de benefício para o consumidor e que o distingue dos demais concorrentes. Deve ser entendido também como o fator principal de diferenciação do produto e seus concorrentes.

Approach: forma de abordagem dada à mensagem, indicação do tratamento a ser dado às peças (racional ou emocional, séria ou descontraída, austera ou humorística, romântica ou realista, coletiva ou individualista etc.).

JORNAIS E REVISTAS – QUADRO COMPARATIVO

REVISTA	CARACTERÍSTICA	JORNAL
Segmentada por áreas: interesse geral, informação, moda, esportes, femininas, decoração, infanto-juvenis, masculinas etc.	Conteúdo	Basicamente informativo, formador de opinião, prestador de serviços.
Semanal, quinzenal, mensal, bimestral.	Periodicidade	Diário, semanal, quinzenal.
Nacional ou regional.	Distribuição	Predominantemente local (estado, cidade, bairro, setores).
Predomina o formato de página A4 (21 cm x 28 cm).	Formato	Padrão clássico aos tabloides, com cadernos únicos ou múltiplos.
Seletividade, relativa precisão de público-alvo, qualidade de impressão.	Critérios de escolha	Seletividade e segmentação da audiência, perfil informativo e editorial, localização do mercado, rapidez de utilização.

Fonte: *Dicionário brasileiro de mídia*, São Paulo, Edições Mercado Global, 1996.

Outdoor

A tradução da palavra *outdoor* tem o sentido próximo de "fora da porta" ou "fora do ambiente". Em outras palavras, ao ar livre, a céu aberto. Representa uma tradição que vem desde o século passado, com os antigos cartazes, placas e painéis pintados a mão e afixados nas ruas, praças, bondes e estradas.

Da forma como o conhecemos, o *outdoor* tem uma história relativamente recente, relacionada com a implantação da indústria automobilística em nosso país, no final da década de 1950 e meados da de 1960.

Com o incremento na produção de automóveis, o planejamento urbano das grandes cidades passou a privilegiar a população motorizada. Foi a época em que se construíram as grandes avenidas marginais e de fundo de vale, de maneira a facilitar a velocidade e escoamento de veículos.

Atentos ao fato, os profissionais da propaganda imediatamente perceberam aí um importante espaço publicitário, por onde circulariam diariamente milhares (hoje milhões!) de pessoas motorizadas.

Foi assim, com a intenção de atingir uma audiência em movimento, que surgiu e se consolidou o *outdoor* tal qual o conhecemos. Tecnicamente constituído de folhas impressas coladas em uma estrutura metálica pelo período de quinze dias, o *outdoor* é a mais democrática das mídias, por possibilitar a maior cobertura horizontal entre todas: atinge indistintamente a todas as pessoas que passam nas suas proximidades, independentemente de raça, cor, grau de instrução, nível social etc.

Utilizado isoladamente ou como parte de estratégias envolvendo um *mix* de comunicação, o *outdoor* constitui uma mídia de alto impacto visual, sendo esse o seu atributo mais valorizado, notadamente em campanhas em que a visão do produto seja o ponto principal de destaque.

Conceito de outdoor

Tecnicamente, o *outdoor* é *uma forma de propaganda ao ar livre fixa*. Essa especificação se faz necessária em razão de existirem outras formas de propaganda ao ar livre, como cartazes, painéis eletrônicos, *back* e *front lights*, também fixas, e outras, igualmente ao ar livre, porém providas de *movimento*.

Aqui se inclui o *busdoor*, a propaganda aérea (avião na praia, puxando uma faixa), com balões infláveis (cujo nome técnico é *blimp*) e a ambulante (muito vista nos grandes centros urbanos).

Características da mensagem de outdoor

Por dirigir-se a uma audiência em movimento, a mensagem de *outdoor* possui três características específicas, que o diferenciam das demais mídias. Passemos a sua análise.

Falar o essencial

Transitando por uma via urbana, à velocidade de 60 km por hora, uma pessoa com nível médio de escolaridade e grau normal de visão levaria aproximadamente de oito a dez segundos para cumprir o seguinte percurso: perceber a tabuleta do *outdoor*, entender o seu contexto visual, ler o conteúdo verbal (título, destaques, *splashes* etc.), decodificar e assimilar a proposta e, finalmente, identificar o emissor da mensagem (marca ou logotipo do anunciante), antes de a peça sair do seu campo de visão.

É por isso que a mensagem de *outdoor* deve ser elaborada exclusivamente com base na *principal razão de compra do produto anunciado*. Qualquer coisa a mais que se mostre ou se escreva será considerada supérflua, correndo o risco de não ser percebida e consequentemente não assimilada.

Causar impacto

O espaço físico que um *outdoor* oferece é o maior de todos os existentes na mídia impressa. São 32 folhas de 1,12 x 0,76 cada, coladas num espaço de 27 metros quadrados (a tabuleta tem aproximadamente 3 metros de altura por 9 metros de comprimento).

Num *outdoor* se consegue ilustrar um automóvel praticamente no seu tamanho natural. Ou ainda exibir um comprimido de aspirina com mais de dois metros de diâmetro. Ou mostrar, do tamanho de bolas de futebol, gotículas de água escorrendo numa garrafa de refrigerante bem gelado...

Nesse aspecto, o papel da direção de arte cresce em importância, uma vez que o conteúdo visual se torna responsável por capturar a atenção do leitor, de forma estruturada e com base na principal razão de compra do produto anunciado.

Obter memorização

Para um *outdoor* não basta ser visto e causar impacto. É preciso que a criação da mensagem seja planejada de maneira a fixar o conceito de marca ou de produto na mente das pessoas, deixando um resíduo pelo maior tempo possível.

O conhecimento pleno do perfil de leitor que se pretende atingir permitirá fazer a escolha certa da imagem, da linguagem e da melhor combinação entre elas que permita maior percepção e entendimento, deixando em sua memória uma mensagem positiva e estimulante em relação ao produto ou serviço anunciado.

Eficiência da mensagem de outdoor

Por dirigir-se a uma audiência em movimento, o *outdoor* deve "falar" de maneira rápida e clara, deixando gravada a essência de sua mensagem, configurada em torno de dois aspectos:

- comunicar o nome do produto;
- comunicar a principal razão de compra.

Se um *outdoor* cumprir essas duas finalidades, é praticamente certo que a peça será tecnicamente perfeita, capaz de atender a todos os requisitos de eficiência na comunicação.

Compare os dois exemplos:

Nas Lojas Brasil você encontra tudo de que precisa: roupas para homens, senhoras e crianças, móveis, eletrodomésticos, bazar, utilidades para o lar, presentes e qualquer outra coisa que você pensar.

Exemplo 1

Pense em qualquer coisa. Nas Lojas Brasil tem.

Exemplo 2

O segundo exemplo resume como deve ser a mensagem de *outdoor*, em matéria de concisão e objetividade. Concentra tudo o que o primeiro procura explorar e, pelo excessivo volume de texto, torna-se praticamente impossível a assimilação do apelo principal.

O mesmo efeito é possível obter-se em relação ao visual de um *outdoor*:

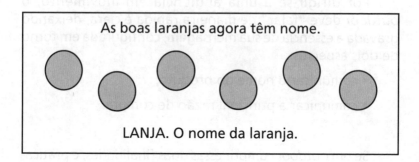

Agora, compare com este:

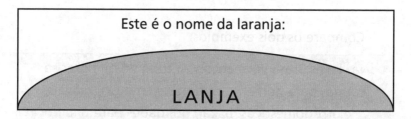

O visual do segundo exemplo causa um impacto maior quanto ao produto anunciado, pois ao aparecer em destaque possibilita a fixação do nome em função de sua melhor visibilidade.

A legibilidade do título de um *outdoor* depende muito do tipo de letra a ser utilizado. Quanto mais simples, melhor.

Não podem ser muito estreitas nem muito grossas; devem permitir a leitura do título a uma distância de pelo menos 12 metros, largura normal de uma rua.

Ruídos de comunicação em outdoor

Muito texto

Títulos quilométricos, excesso de informações num *splash* ou num boxe de texto comprometem e invalidam a eficiência da mensagem, por exigir do leitor um esforço extra para tentar compreendê-la. Nem sempre ele estará disposto a fazer esse esforço...

Reaproveitamento de ilustrações

A utilização num *outdoor* da mesma foto usada em anúncios de revista, ainda que fazendo parte da mesma campanha, não é um procedimento tecnicamente correto.

A foto ou ilustração de um *outdoor* deve concentrar o foco de atenção apenas no ponto de maior interesse ou diferenciação do produto anunciado, exigindo produção específica.

Sutilezas semânticas

Convém tomar certos cuidados na redação, evitando-se o uso de termos regionais, a fim de evitar confusões como a ocorrida há alguns anos, quando um vistoso *outdoor* tinha o seguinte título: *Bife à milanesa fica uma delícia com maiôs de Lycra.*

A ilustração mostrava um casal na praia, abraçados e ligeiramente sujos de areia. Poucas pessoas entenderam a relação do título com a ilustração, porque na época a expressão *bife à milanesa* era utilizada exclusivamente no Rio de Janeiro para identificar as pessoas que gostam de ir à praia e rolar na areia...

Detalhes gráficos

Pontos de exclamação, de interrogação, acentos, vírgulas e reticências, embora corretos na linguagem escrita, podem eventualmente ocupar um espaço justamente no ponto de intersecção de duas folhas do *outdoor* e dificultar a interpretação e o entendimento do leitor.

É sempre bom visualizar o *outdoor* sob um gabarito do *layout*, a fim de detectar antecipadamente possíveis pontos de quebra de palavras, localização dos sinais gráficos etc.

Excesso de informações

Números e outras informações não relacionadas diretamente ao produto devem ser vistos com certa reserva.

Síntese conceitual

Estrutura de layout em outdoor

- Título.
- Ilustração.
- Identificação.

Diretrizes de criação para outdoor

Títulos:
- Transmitir a mensagem prontamente (média de oito segundos).
- Usar palavras curtas e de um só significado.
- Legibilidade: o *outdoor* é visto entre 10 e 100 m.
- São válidas todas as diretrizes vistas para anúncios.

Ilustração:
- Closes de rostos: maior *recall* (memorização).
- *All types* (só texto): baixo índice de fixação.
- Evitar excesso de pontos focais.

Identificação:
- Logotipo em lugar de destaque.
- Assinatura no tamanho adequado.
- Produtos: na própria embalagem.

Cartaz

Utilizado predominantemente como peça de apoio promocional, em matéria de criação o cartaz mantém praticamente todos os conceitos e diretrizes vistos para o *outdoor*.

Os principais objetivos das mensagens veiculadas por meio de um cartaz afixado ao ar livre ou em local fechado são informar, orientar e educar.

A facilidade de produção e a versatilidade que apresenta permitem ao cartaz uma periodicidade bastante flexível: existem cartazes de trocas semanais, quinzenais, mensais, trimestrais e anuais. Os custos de veiculação dependem dos aspectos de regionalidade (existem as chamadas "áreas nobres") e da função atribuída à mensagem.

Tipos de cartazes

Embora predominem os cartazes impressos em papel, existem outras formas de apresentação: lona, tecido, lona de PVC e até mesmo em chapas galvanizadas.

Casos especiais, utilizando acrílico ou vidro, são frequentes, como também as versões que incluem iluminação própria: *front lights* (frontal, por *spots*) ou *back lights* (interna, por luminárias fluorescentes especiais).

Características do cartaz

Em termos de *cobertura geográfica*, o cartaz apresenta-se como mídia ideal para quando se deseja que a mensagem permaneça restrita ao local de afixação.

Geralmente instalado no ponto de venda ou nas paredes de edifícios, o cartaz orienta-se predominantemente para atingir o típico consumidor urbano.

A penetração e interpretação da mensagem é constante, intermitente e irrestrita, possuindo alta frequência de exposição, o que não permite seletividade de público, ou seja: atinge indistintamente todos os perfis.

Para efeito de aproveitamento, as dimensões de um cartaz podem variar de 21,0 cm x 29,7 cm a peças com formatos de até 100 m². Para ponto de venda, o formato mais utilizado é o chamado A3, com aproximadamente 45 cm x 60 cm, com variações adequadas às necessidades e ao espaço disponível.

5. Mídia eletrônica
Rádio

O rádio é um meio de comunicação em que o elemento fundamental é a própria imaginação da audiência. Isso porque a mensagem – publicitária ou não – recebida por meio do rádio tem como característica principal fixar-se mentalmente.

Envolve nesse processo diversos conceitos de psicologia, tais como atenção, estímulos, percepção, memória, emoção, associação de ideias, motivação etc.

As imagens mentais formam-se numa sequência instantânea, determinando que a mensagem seja apreendida na mesma velocidade com que é emitida.

Pré-requisitos para a criação em rádio

Antes de iniciar a criação para rádio, é necessário aprofundar ao máximo o conhecimento sobre o produto ou serviço a ser anunciado.

É fundamental saber *o que* é o produto, quais as suas *características* principais e diferenciadoras, *quem* é o seu real consumidor, o seu comprador e, principalmente, *em quais condições e circunstâncias* a mensagem será recebida pelo seu ouvinte.

Essas informações deverão proporcionar ao redator uma definição dos argumentos principais que serão utilizados, garantindo um conteúdo preciso e eficiente.

Embora seja importante, o conteúdo não é o único atributo capaz de assegurar eficiência ao comercial: é preciso dar-lhe forma atraente e diferenciada, capaz de envolver o ouvinte, fazendo-o "viver" o clima da mensagem ou, no mínimo, prestar atenção a ela.

A forma mais adequada para a mensagem deverá levar em conta o perfil da audiência-alvo, notadamente no aspecto psicográfico (ou psicológico), bem como as características das emissoras em que o comercial será veiculado.

O sucesso (leia-se *eficiência*) de um comercial radiofônico também depende de dois outros aspectos: a *repetição adequada da mensagem* e a *utilização correta do código*, técnica de comunicação por meio do rádio, que consiste basicamente na associação de dois tipos de sons ou sensações (*palavras + música*).

Características da linguagem radiofônica

Ágil e dinâmico, o rádio possui um *ritmo* exclusivo. Nele não existem espaços em branco: cada segundo de transmissão tem o objetivo de envolver o ouvinte, estabelecendo com ele uma forte relação de proximidade.

A linguagem do rádio é um reflexo da vida cotidiana: deve ser *popular, simples, direta* e, quando utilizada publicitariamente, explorar apenas um argumento de venda do produto ou serviço anunciado.

Tem de ser, portanto, *coloquial, intimista* e estar sempre muito próxima do universo de valores do ouvinte. Em resumo, a mensagem do rádio deve *dizer pouco, porém, com o máximo de força*.

Formas de mensagem radiofônica

A mensagem publicitária veiculada por meio do rádio pode assumir vários formatos, dependendo sempre dos objetivos a serem atingidos em relação ao objeto anunciado.

Um anunciante pode ter, por exemplo, a intenção de fixar o nome ou marca de um produto em fase de lançamento junto a um determinado segmento de audiência.

Deverá recorrer, então, a um formato de mensagem que permita a repetição adequada dessa marca, de maneira a obter sua fixação na memória da audiência; surge aí uma pequena melodia, com um refrão marcante, como a melhor opção.

Em outra circunstância, poderá estar sendo anunciado um conceito ou benefício exclusivo do produto ou serviço; nesse caso, um texto bem estruturado, com argumentos solidamente articulados e pronunciados de maneira clara e compreensível será, na certa, a melhor alternativa para informar e sensibilizar a audiência.

Por esse motivo, é importante identificar as formas de mensagens mais presentes no universo radiofônico, bem como os seus conceitos genéricos:

- *Spot*: texto ou diálogo, a uma ou mais vozes, ilustrado ou enriquecido por efeitos musicais ou simplesmente sonoros.
- *Jingle*: harmonia de música e letra, formando mensagem comercial que se assemelha a uma pequena canção.
- *Texto*: mensagem comercial lida por uma só voz. Com frequência possui um apelo de vendas fraco.
- *Texto-foguete*: texto curto, incisivo, medido por segundos ou pelo número de palavras. Possui uma duração média de 7 segundos ou 10 palavras (descontados os artigos e as preposições).

As mensagens em rádio podem ainda ser apresentadas seguindo algumas variações dentro do que vimos acima:

- *Mensagem dialogada*: em que duas ou mais pessoas realizam uma conversação na qual são apresentadas as vantagens de um produto, suas razões de compra e seus apelos de venda.

- *Mensagem dramatizada*: bem semelhante à anterior, porém com as vozes encarnando personagens de uma história ou fantasia.
- *Mensagem improvisada*: sem um texto fixado previamente, é dita pelo artista ou apresentador durante o programa.

Recomendações para criação em rádio

- *Inspirar confiança*: a mensagem deve sempre ser imparcial, transmitindo uma informação segura, mediante a utilização de apelos sinceros e honestos.
- *Basear-se em fatos*: coletar o máximo de informações sobre o produto/serviço, mercado, consumidor, concorrentes etc.
- *Usar um tom amistoso*: a mensagem em rádio deve ser uma comunicação entre amigos.
- *Respeitar o veículo*: nunca usar para o rádio o mesmo texto do anúncio impresso, ainda que sua eficiência tenha sido provada pelas vendas. O mesmo quanto à utilização de trilhas de comerciais de televisão: são meios diferentes, com características específicas.

A criação para rádio é de responsabilidade quase exclusiva do redator. Dizemos quase em virtude de haver em muitas ocasiões a participação de maestros, arranjadores, técnicos e sonoplastas no processo criativo.

O conhecimento técnico e artístico desses profissionais pode dar ao redator subsídios preciosos, capazes de serem transformados em caminhos criativos (*approaches*).

Diretrizes para criação em rádio

1. *Escolha as palavras ou frases pelo seu valor sonoro*: ouvir, sonhar, imaginar a mensagem, antes mesmo de redigi-la.
2. *Procure limitar o número de ideias*: clareza, concisão e simplicidade à mensagem.
3. *Escreva dando cadência e ritmo ao texto*: divida os períodos de uma forma equilibrada. Frases curtas, porém com alto valor de informação. Repita de maneira controlada o nome e a principal característica do produto ou serviço anunciado.
4. *Evite frases feitas*: tente não usar as famigeradas expressões "porque você merece", "pensando em você" etc. Além de soar falso, não acrescentam coisa alguma ao texto.
5. *Use argumentos específicos*: ao falar de um automóvel, não perca tempo descrevendo a estrada ou a paisagem...
6. *Evite o uso de termos técnicos ou excessivamente complexos*: detalhes e características técnicas ficam melhor em peças de comunicação escrita, como folhetos, anúncios etc.
7. *Selecione os motivos mais fortes pelos quais o ouvinte possa desejar o produto ou serviço*: é preciso fazê-lo sonhar, e o rádio é ideal para isso.
8. *Faça aparecer o nome do produto o mais cedo possível*: com isso você já iniciou a "venda do seu peixe...".
9. *Use um estilo direto, com o locutor dirigindo-se realmente ao ouvinte*: o locutor estará sempre falando só para um ouvinte.
10. *Determine uma velocidade normal de leitura*: a média ideal é de cem palavras por minuto. Corresponde ao ritmo que os locutores dos telejornais costumam utilizar.

Preparação de original

A peça radiofônica também tem o seu *layout*, que é o *script*: uma espécie de roteiro elaborado pelo redator, detalhando os textos das locuções, diálogos ou narrações, bem como as indicações técnicas para a inclusão de músicas e efeitos sonoros ou instrumentais.

Independentemente do tipo de formulário utilizado, um *script* deve conter tecnicamente:

- *Identificação*: nome do cliente, do produto, da peça, sua categoria (promocional ou institucional), formato (duração), veículo (rádio AM, FM, *in store* etc.), data da apresentação.

- *Apresentação*: o texto (locução) deve ser sempre digitado, em caixa-alta (maiúscula) e espaço dois. Além de facilitar o trabalho do locutor, evita erros de gravação e a necessidade de refazê-la.

- *Destaques*: o nome ou marca do produto deverá ser grifado todas as vezes que aparecer no texto. Com isso, ao ler uma linha, por meio de sua visão periférica o locutor já poderá ficar atento à marca, dando a ela mais ênfase no momento de sua pronúncia.

- *Marcações*: indicar com clareza para a área técnica todos os efeitos, músicas, sua duração e lugar onde devem aparecer.

Modelo de original

CLIENTE: Grupo Auto Modelo — RJ
PRODUTOS: Automóveis e motocicletas
PEÇA: Spot   **CATEGORIA:** Promocional   **FORMATO:** 30"

VEÍCULO: Rádio FM	DATA: 11.06.99
TÉCNICA	LOCUÇÃO
	Loc.: (enfático) CARRO E MOTO DE GRAÇA! CARRO E MOTO DE GRAÇA!
Trilha sonora instrumental, balanço estilo funk, cai em BG.	
	O <u>GRUPO AUTO MODELO</u> FAZ QUARENTA ANOS E ADIVINHA QUEM GANHA O PRESENTE! NA COMPRA DO SEU CARRO NOVO DA LINHA VOLKSWAGEN, UM USADO DE QUALQUER MARCA OU UMA MOTO HONDA, VOCÊ CONCORRE A RECEBER DE VOLTA O VALOR TOTAL DA COMPRA, INTEIRAMENTE CORRIGIDO. SORTEIOS PELA LOTERIA FEDERAL DE SEIS DE JULHO E NOVE DE AGOSTO. PEGUE O REGULAMENTO EM QUALQUER LOJA <u>AUTO MODELO.</u>
Efeito reverber, ecoa três vezes.	<u>AUTO MODELO</u> QUARENTA ANOS: CARRO E MOTO DE GRAÇA...
Sobe fundo musical, encerrando nos 30".	... PRA VOCÊ!

63 •

Televisão

Características

Em primeiro lugar, é preciso reconhecer *que a audiência da TV não está cativa*, como acontece, por exemplo, no cinema. O telespectador comum, ao acionar o botão que liga seu televisor, está em busca de informação, lazer ou de um simples passatempo.

Assim, quando a programação abre espaço para a entrada de um bloco de comerciais, a reação natural do telespectador é de relaxamento, de *desconcentração*. Além do mais, qualquer coisa que aconteça no ambiente ou nas proximidades (alguém conversando, uma sirene, uma freada, um choro de criança, um telefone tocando etc.) pode dispersar a sua atenção.

É justamente por essa razão – *evitar que a audiência se disperse* – que um bom comercial (leia-se *eficiente*) deve ter as seguintes características:

- *Ser agressivo*: aqui o termo não é colocado no sentido de chocar ou agredir o espectador, mas sim de atingi-lo em algum ponto em que ele seja mais vulnerável, como por exemplo praticidade, modernidade, desejo de estar bem informado, de destacar-se perante seu grupo de convivência, obtenção de *status*, prestígio etc.

  Ser *agressivo* significa enviar uma mensagem que vá ao encontro e afete diretamente algum centro de interesse imediato do telespectador, com a inclusão das vantagens e benefícios proporcionados por determinado produto ou serviço. Para isso tudo é fundamental conhecer detalhadamente o produto ou serviço, bem como o perfil da audiência que se pretende atingir.

- *Ser rápido*: a mensagem deve ter um *timming* certo, para não correr o risco de perder sua eficiência. Tanto a mensagem curta demais quanto a excessivamente longa fogem do padrão de expectativa do telespectador, interessado na programação de lazer, informação e entretenimento da emissora, e apenas tolerante às mensagens comerciais. Além do mais, TV é um veículo caro.

- *Ser persuasivo*: um comercial de TV não é algo destinado a promover quem o criou. O centro das atenções deve ser sempre o produto ou serviço anunciado, de maneira que seja lembrado no ponto de venda pela pessoa mais importante de todo o processo de comunicação mercadológica: o consumidor.

    Portanto, o termo *persuadir* tem a ver diretamente com a ação de difundir uma imagem de marca ou de produto de maneira clara e duradoura na memória do telespectador.

    A intenção é que seja rememorado quando ele, na condição de consumidor, estiver frente a frente com o produto no seu local de venda.

- *Ser objetivo*: o telespectador não está à disposição para ficar tentando adivinhar o que um comercial tem para lhe dizer. Ou a mensagem é de *fácil entendimento, digerível*, ou então não conseguirá "passar" seu conteúdo.

    É preciso lembrar sempre que não temos a audiência cativa, com a atenção voltada para o nosso comercial.

Agora, uma pergunta: Como fazer para que um comercial consiga reunir todas essas características?

A resposta é simples: está fundamentada no próprio plano psicológico das pessoas (até mesmo quando estão assistindo à TV!), sobretudo nos aspectos da *motivação* e dos *estímulos*.

Um bom comercial quase sempre *atrai* as pessoas por aquilo que elas têm de mais íntimo, que é a *emoção*. Afinal, toda emoção guarda uma relação direta com o quadro de valores e referências pessoais de cada indivíduo.

Um ingrediente fundamental: o drama

Uma coisa praticamente impossível é falar em emoção sem associá-la a *drama*. Não o lacrimogênico dramalhão, mas sim a estrutura de texto que contenha fortes *apelos emocionais*.

Tente lembrar o melhor comercial a que você já assistiu em sua vida. Na certa terá relação com algo muito especial e sensível que existe em você; daí ter tocado, num determinado momento, "naquele ponto" especialíssimo, deixando uma marca difícil de apagar de sua memória.

Saiba que esse efeito é comum em todas as pessoas, e seja por seu lado trágico, seja pelo lado cômico, *o apelo emocional é o que consegue fixar-se com maior intensidade na memória das mais variadas faixas de público.*

Evidentemente isso acontece com mais intensidade quando o apelo emocional atinge as pessoas pelo *lado bom*. Isso quer dizer que todos nós temos a tendência de guardar na memória os bons momentos e apagar – ou pelo menos tentar – as más lembranças.

Muitos anos após ter sido veiculado, costuma ser citado como um exemplo de comercial marcante o do produto Gelol ("Não basta ser pai, tem que participar"), justamente por sensibilizar as pessoas por um valor muito significativo e amplamente desejável, que é a figura paterna amiga e participante.

Na TV, o poder da mensagem está na imagem

Uma afirmação óbvia, mas que nem sempre é lembrada: *televisão não é rádio*. É preciso resistir à tentação de construir enredos com diálogos quilométricos e personagens falando sem parar o tempo todo.

Em TV, *o essencial é a imagem*, é ela quem deve contar a história. O texto deve ser considerado elemento acessório, utilizado exclusivamente quando a imagem, por si só, não for suficiente para transmitir a ideia. Muito "papo" desconcentra e dispersa a audiência, sendo, portanto, incompatível com as características do veículo.

Se na mídia impressa o importante é atrair o leitor, em TV nós devemos procurar fazer de tudo para que ele não fuja!

Pré-requisitos que você já conhece

Um bom comercial, realmente eficiente, deve possuir os seguintes requisitos:

- *prender a atenção do telespectador*, evitando que se disperse;
- *ser lembrado*, principalmente na hora em que o telespectador se encontra diante do produto, no ponto de venda;
- *envolver e cativar a audiência*, principalmente pela emoção;

- *materializar uma ideia consistente*, tornando-se marcante pelo poder de comunicação e fixação da mensagem.

Assim, é bom levar em conta algumas características do meio televisivo, quando estiver criando os seus comerciais.

Características a favor

- SOM + IMAGEM + COR + MOVIMENTO

Poderia ser levantada a questão de que o cinema também oferece esses elementos. Está correto, só que na TV você atinge o telespectador dentro de sua própria casa.

Até o presente momento não surgiu nada melhor...

Características contra

- **A TV é um veículo caro (como mídia), com uma dispendiosa produção.**

Pode-se ter uma ideia a respeito quando se conhecem os detalhes que entram no cômputo financeiro de uma produção. *Casting* (elenco), cenografia, figurinos, locações, equipamentos, transporte, alimentação, diárias são apenas alguns dos itens orçados em uma produção. Os custos de veiculação é outro fator que torna proibitiva a utilização do meio televisivo por parte do pequeno anunciante, ao menos quanto aos formatos convencionais.

- **Na TV a mensagem vive apenas o momento.**

Se você pretende fixar algum conceito por intermédio do meio televisivo, é bom levar em conta que vai depender de uma grande frequência em termos de veiculação, ou seja, o comercial deverá ir ao ar um número considerável de vezes para ser memorizado.

Nesse ponto a vantagem é da mídia impressa, por apresentar o caráter documental. A compensação se dá quando a mensagem do comercial é rica em criatividade. Um comercial criativo normalmente é assimilado na segunda ou terceira vez a que é assistido.

Principais formas de produção de peças para TV

Do ponto de vista técnico, é possível considerar as seguintes formas de produção ou apresentação para um comercial de TV:

- Filmes;
- videoteipes (VT's);
- animação (geralmente por computação gráfica);
- diapositivos (*slides*);
- vinhetas;
- *merchandising*;
- menção de patrocínio.

Sob o ângulo da criação, julgamos oportuno frisar que todas as redes de televisão do País estabelecem padrões técnicos e de qualidade, bem como formatos compatíveis com as suas programações.

Assim, a não ser que se trate de uma ação específica de *merchandising*, inserida no contexto de uma novela, série ou evento, *somente são aceitos para veiculação comerciais que tenham exatos 15, 30 ou 60 segundos de duração.*

Peças que não atinjam ou que superem esse *timming* devem necessariamente ser submetidas à aprovação dos departamentos comerciais da emissora. Até bem pouco tempo atrás, a Rede Globo não veiculava comerciais de 15" em regime NET (cobertura de todo o território brasileiro). Isso só era possível na programação regional e local, sendo que nos programas jornalísticos o formato mínimo aceitável é de 30" (repetindo: para veiculação NET).

De maneira geral, visando atender a um critério técnico de programação, não costumam ser aceitos comerciais fora do *timing*.

Passos de ação ao se criar para TV

Passo 1– Desenvolver um argumento (evidentemente ligado ao tema)

O argumento é a ideia na sua forma mais pura e simples. Geralmente está relacionado a alguma característica do produto ou a uma vantagem importante e exclusiva oferecida por ele.

Pode ainda ser formado a partir de algum elemento característico do consumidor-alvo, ou existente no seu dia a dia.

Um bom recurso para se produzir argumentos é por *associação de ideias*, e um dos melhores funciona mais ou menos assim: "Isto (produto) é tão (característica) quanto (característica secundária, geralmente associada ao benefício principal proporcionado pelo produto/serviço)".

No momento de definição de argumentos, não podemos nos esquecer de situá-lo no contexto do elemento *drama* (tragédia ou comédia).

Passo 2 – Elaborar a sinopse

A sinopse é um resumo da ideia, já na forma de uma pequena história com começo, meio e fim. A sinopse de um comercial de 30 segundos possui, em média, 10 ou 12 linhas.

Formatar uma sinopse significa raciocinar em termos de *um problema* (do consumidor), em que *surge o produto*, que por meio de seus atributos oferece uma *solução para o problema*, mediante uma *demonstração de suas virtudes ou benefícios*, seguida de uma clara *identificação da marca* do produto/serviço ou do anunciante (*pack shot*).

Passo 3 – Elaborar o roteiro

Com a sinopse definida e aprovada, o passo seguinte é desenvolver a peça em termos de *vídeo* (o que se vê) e *áudio* (o que se ouve). O roteiro corresponde a um enquadramento por escrito da sinopse, de maneira lógica e sequencial.

EXEMPLO DE ROTEIRO

Cliente: Luk	Produto: RepSet
Peça: Comercial 30"	Título: *Balconista*
Veículo: TV Campinas/Programa *Mecânico e Boa Companhia*	Data: 19.08.1999

OPÇÃO 1 – *Sustenta o conceito já trabalhado em mídia impressa. (Marcas que merecem respeito.)*

Vídeo	Áudio
Personagem caracterizado como técnico (usa guarda-pó, detalhe do logo LuK no bolso), em plano médio, fala dirigindo-se à câmera.	Som ambiente. TODO BOM MECÂNICO SABE QUE EM MATÉRIA DE EMBREAGEM SÓ EXISTEM DUAS MARCAS DE RESPEITO.
Pega a caixa do RepSet e a exibe.	UMA É ESTA!
Aponta o logotipo LuK, visto no detalhe.	
Continua falando, agora em off. Takes sucessivos, mostrando os detalhes da fabricação e ambientes da indústria.	CADA <u>EMBREAGEM LUK</u> É FABRICADA DENTRO DE PADRÕES MUNDIAIS DE QUALIDADE.
Dois takes rápidos, mostrando mão engatando marcha e pé acionando pedal de embreagem.	POR ISSO, TODO VEÍCULO EQUIPADO COM LUK TEM A EMBREAGEM MUITO MAIS SUAVE E MACIA.
Volta personagem, fala direto para a câmera, enquanto aponta o logotipo RepSet.	A OUTRA MARCA DE RESPEITO É ESTA. <u>REPSET</u> É O CONJUNTO DE EMBREAGEM LUK, COM

Movimento de câmera enquadra o conjunto das três peças.	PLATÔ, DISCO E ROLAMENTO, TUDO NA MESMA EMBALAGEM.
Sucessivamente, faz sinal de "olho vivo", professoral, e aponta para os logos RepSet e LuK.	MOSTRE QUE VOCÊ É UM MECÂNICO ESPERTO E DE RESPEITO: EXIJA REPSET... LUK!
Fusão para *pack shot:* câmera enquadra logotipos, aplicando-se em caracteres o slogan "QUALIDADE MUNDIAL EM EMBREAGENS".	LOC. OFF: LUK: QUALIDADE MUNDIAL EM EMBREAGENS.

O roteiro completa-se quando se faz a sua *decupagem*, que é a *descrição técnica* do filme, com o detalhamento por cena e por tomada. A decupagem normalmente é realizada em conjunto com o diretor responsável pela produção, que costuma fornecer subsídios de natureza técnica destinados a aprimorar ainda mais a realização do comercial.

4 – Montar o *story* ou *fotoboard*

O *storyboard* é o que se pode chamar de *layout do filme*. Executado sob a responsabilidade do diretor de arte da agência, apresenta num formato específico as cenas principais do filme desenhadas (*storyboard*) ou fotografadas (*fotoboard*), acompanhadas das indicações por escrito dos diálogos, locuções e efeitos sonoros.

EXEMPLO DE STORYBOARD

Cliente: .... Produto: ....
Peça: .... Formato: ....
Título: .... Data: ....

CENA 1	CENA 2	CENA 3	CENA 4
Vídeo	Vídeo	Vídeo	Vídeo
Áudio	Áudio	Áudio	Áudio

CENA 5	CENA 6	CENA 7	CENA 8
Vídeo	Vídeo	Vídeo	Vídeo
Áudio	Áudio	Áudio	Áudio

Diretrizes para redação em TV

1. *Use pouco texto*: na TV, quem deve contar a história é a imagem.

2. *Diga apenas o que for mostrar*: a palavra deverá ser apenas um reforço. Palavras sem relação com o que se está vendo perdem-se facilmente, não se fixam, nem são memorizadas.

3. Explore no máximo dois atributos de venda do produto: mais do que isso só irá confundir o espectador.

4. *Não deixe o telespectador fugir*: um bom recurso para manter a audiência atenta é procurar envolvê-la do primeiro até o último quadro, por meio de uma ideia original, criativa ou, no mínimo, interessante.

5. *Trabalhe a atmosfera e a emoção*: imagens bonitas, agradáveis são sempre bem recebidas.

6. *Acrescente um* gimmick: todo comercial que se preze deve ter um toque de originalidade. O *gimmick* é o elemento insólito, inesperado e diferente, que atinge o telespectador e tira o comercial do lugar-comum.

7. *Evite cenas de multidão*: como a TV tem a tela pequena, fica muito difícil distinguir detalhes quando há excesso de pontos focais de visualização.

8. *"Fale" a linguagem do seu telespectador*: não tente ser tão diferente e original a ponto de se tornar ininteligível. Não complique: as melhores ideias costumam ser as mais simples.

9. *Humor*: brinque apenas com o seu produto e nunca com a figura do consumidor. Isso poderia levar seu produto e/ou seu anunciante a se exporem a críticas e consequentemente a uma imagem negativa, de difícil recuperação.

10. *Não existe comercial anônimo*: a não ser, evidentemente, que se trate de um *teaser*. Assim, não esqueça nunca de assinar a peça.

Em TV, a assinatura chama-se *pack shot*. São aqueles últimos segundos em que aparece a marca do produto ou do anunciante.

11. *Faça aparecer o nome do produto o quanto antes*: de preferência duas ou três vezes em áudio, e no mínimo duas vezes em vídeo.

SÍNTESE DOS PRINCIPAIS CONCEITOS

- *Argumento*: ideia na forma mais simples (decorrente do tema).

- *Sinopse*: resumo descritivo da ação/"historinha" com começo, meio e fim.

- *Roteiro*: texto prévio, indicando o desenvolvimento do filme (VÍDEO + ÁUDIO).

- *Decupagem*: sequência/roteiro já com as indicações de todos os detalhes necessários à filmagem ou às gravações (tomadas, planos, ângulos, cenografia, figurinos, efeitos etc.). Serve de guia à equipe técnica.

- *Cena*: cada situação envolvendo mesmos personagens e cenário.

- *Tomada*: registro ininterrupto de uma cena.

- *Take*: o mesmo que tomada.

6. Elementos de apoio técnico e conceitual

Fases de evolução da propaganda no Brasil
– quadro-síntese –

Década	Elemento marcante
1930	– Modelo de propaganda importado das matrizes americanas. – Agências instalam-se no País, junto com seus clientes. – Técnica rudimentar, ilustrações a traço, argumentos formais.
1940	– 2ª Guerra Mundial: influência do rádio. – Pós-guerra: influência do cinema e das fotonovelas. – Cinema impondo modas e padrões estéticos.
1950	– Até +/– 1957: *hard sell* (comandos verbais agressivos, visual explorando a tradução de conceito). – 1957 a 1962: Fase Rosser Reeves (U.S.P.) *Unique Selling*. *Proposition*: busca do elemento diferenciador do produto.
1960	– 1967 a 1972: Fase burocrato-mercadológica, adequação ao *establishment* (transcrição de *briefing*, volta ao *hard sell*).

	– 1962 a 1967: DDB (apelo ao bom senso, inteligência/fase da racionalidade, afastamento do *reason why*.
1970	– Após 1972: ação científica e interdisciplinar; surgimento das faculdades de comunicação.
	– Apogeu das duplas: integração talento + ciência/criação + *marketing*.
1980	– Modismos: *new wave*, nostalgia (desencanto?).
	– Estilo DPZ: surpreendente, insólito.
	– Racionalismo econômico/influência eletrônica e cibernética.
1990	– Fim de século: pessimismo, tendência ao racionalismo puro.
	– Predominância da linguagem visual e efeitos especiais.
	– A informática como meio de expressão, multimídia, comunicação interativa, internet.

Para aprofundamento:

MARCONDES, Pyr; RAMOS, Ricardo. *200 anos de propaganda no Brasil*: do reclame ao cyber-anúncio. São Paulo: Meio & Mensagem, 1995.

RAMOS, Ricardo. *Do reclame à comunicação*: pequena história da propaganda no Brasil. São Paulo: Atual, 1985.

Bibliografia

BARRETO, Evandro. *Abóboras ao vento*: tudo que a gente sabia sobre propaganda mas está esquecendo. São Paulo: Globo, 1994.

BENETT, Peter D.; KASSARJIAN, Harold H. *O comportamento do consumidor*. 1. ed. São Paulo: Atlas, 1975.

BOAVENTURA, Edivaldo. *Como ordenar as ideias*. 2. ed. São Paulo: Ática, 1990. (Série Princípios).

BRETZKE, Miriam. *Marketing de relacionamento e competição em tempo real*. 1. ed. São Paulo: Atlas, 2000.

CARVALHO, Nelly de. *Publicidade*: a linguagem da sedução. 2. ed. São Paulo: Ática, 1998.

GALINDO, Daniel S. *Comunicação mercadológica em tempos de incerteza*. 1. ed. São Paulo: Editora Cone, 1986.

HAFER, W. Keith; GORDON, E. *Advertising writing*. New York: West Publishing Company, 1977.

KARSAKLIAN, Eliane. *Comportamento do consumidor*. 1. ed. São Paulo: Atlas, 2000.

LADEIRA, Julieta de Godoy. *Contato imediato com criação de propaganda*. 2. ed. São Paulo: Global, 1989.

LAS CASAS, A. L. *Plano de marketing para micro e pequena empresa*. 1. ed. São Paulo: Atlas, 2000.

LEONE, Eduardo; MOURÃO, Maria Dora. *Cinema e montagem*. São Paulo: Ática, 1987. (Série Princípios).

MANZO, J. M. Campos. *Marketing, uma ferramenta para o desenvolvimento*. 3. ed. Rio de Janeiro: Zahar Editores, 1971.

MENNA BARRETO, Roberto. *Análise transacional da propaganda*. Rio de Janeiro: Summus, 1981.

_____. *Criatividade em propaganda*. Rio de Janeiro: Summus, 1978.

OECH, Roger von. *Um "toc" na cuca*. São Paulo: Livraria Cultura Editora, 1988.

OGILVY, David. *A publicidade segundo Ogilvy*. São Paulo: Editora Prêmio, 1985.

PERISCINOTTO, Alex. *Mais vale o que você aprende do que o que te ensinam*. São Paulo: Best Seller, 1995.

PETIT, Francesc. *Propaganda ilimitada*. São Paulo: Siciliano, 1992.

PINHO, J. B. (org.). *Trajetória e questões contemporâneas da publicidade brasileira*. São Paulo: Intercom, Sociedade Brasileira de Estudos Interdisciplinares de Comunicação, 1995.

RAMOS, Ricardo. *Do reclame à comunicação*. São Paulo: Atual, 1985.

SANT'ANNA, Armando. *Propaganda*: teoria, técnica e prática. 7. ed., 3. tir. São Paulo: Pioneira, 2000.

SCHRODER; VASTERGAARD. *A linguagem da propaganda*. São Paulo: Martins Fontes, 1995.

WHITE, Roderick. *Advertising: what it is and how to do it*. Londres: McGraw-Hill Book Company, 1980.